¿Qué pasaría si...
solo comieras chocolate?

por
Thomas Kingsley Troupe

ilustrado por
Anna Mongay

ILLUSTRATED

Publicado por Amicus Learning, un sello de Amicus
P.O. Box 227, Mankato, MN 56002
www.amicuspublishing.us

Editora: Rebecca Glaser
Diseñador: Lori Bye

Cataloging-in-Publication data is available from the Library of Congress.
Library Binding ISBN: 9781645496083
Paperback ISBN: 9781645498544
eBook ISBN: 9781645496380

Impreso en China

ACERCA DEL AUTOR

Thomas Kingsley Troupe es autor de más de 200 libros infantiles. Cuando no está escribiendo, le gusta leer, jugar videojuegos y acordarse de cuándo fue la última vez que se bañó. Thomas es experto en tomar siestas y vive en Woodbury, Minnesota, con sus dos hijos.

ACERCA DE LA ILUSTRADORA

Anna Mongay nació en Barcelona, España. De niña, le gustaba dibujar, andar en bicicleta y correr por las montañas. Después de estudiar bellas artes y escenografía en la Facultad de Bellas Artes de Barcelona, ahora, vive y trabaja como ilustradora y maestra en Pacs del Penedès, España.

Anna extiende su reconocimiento a la fallecida Susana Hoslet, colega ilustradora, por su contribución a las ilustraciones de esta serie.

Quieres comerte un chocolate antes de cenar. Excelente idea, ¿no? Ningún alimento te gusta tanto como el chocolate. De hecho, te encantaría solo comer chocolate para cenar.

¿Qué pasaría si solo comieras chocolate?

Cuando solo comes chocolate, te sientes feliz los primeros 10 minutos. Te encanta el sabor y quieres más y más.

¡Podrías acostumbrarte a esto! Después de 20 minutos, aumenta el azúcar en la sangre. Tu cuerpo tratará de adaptarse al azúcar adicional.

La cafeína y el azúcar del chocolate te darán un ligero subidón de energía. Por un ratito, te sentirás más despierta.

Pero muy pronto estarás agotada y sedienta. Comer demasiado chocolate puede irritar tu vejiga. ¡Tal vez necesites hacer pipí más seguido!

Después de unos días, sentirás raros los dientes.
El chocolate está repleto de azúcar. Demasiada
azúcar es mala para los dientes. Te sueles
lavar bien los dientes, pero toda esa azúcar lo
dificulta. Los dientes te empiezan a doler...

...y el cuerpo también. Tu panza quiere vitamina C y los nutrientes de la comida verdadera. Si sigues haciendo esto durante meses, sin vitamina C, te dolerán los huesos y tendrás una enfermedad de las encías. ¡Incluso podrías perder los dientes!

Tienes calambres y dolor de estómago. Además, toda el azúcar ha vuelto tu piel áspera. Tus amigos quieren jugar, pero no tienes la energía para salir.

Por fuera, te sientes muy mal. Por dentro, no estás mucho mejor.

Te late más rápido el corazón.
Demasiada cafeína no te deja dormir.
Te da dolor de cabeza y ansiedad.

Hasta los riñones te están dando problemas. El chocolate contiene el metal tóxico cadmio. Un poco está bien, pero demasiado chocolate significa demasiado cadmio. A tus riñones les cuesta eliminarlo.

Después de comer solo chocolate en todas las comidas durante unas semanas, ya estás harta. Y tu cuerpo también. Cualquier cosa sería más sabrosa que más chocolate.

¡Demasiado chocolate es demasiado! Tu cuerpo pide vitaminas y minerales. Necesita carbohidratos, proteínas y grasas para tener energía.

Tal vez sea el momento de darle un descanso al chocolate. Eliges frutas y verduras como bocadillos. Y lo que cocina tu papá huele delicioso. Tu cuerpo empieza a sentirse bien otra vez. Ya no te sientes tan cansada, ansiosa o enferma. Tienes energía para jugar con tus amigos. ¡Te preguntas si algún día volverás a querer comer chocolate!

Devuelves el paquete grande de chocolates y eliges una golosina para comerla después de cenar. Comer solo chocolate no es bueno para ti ni para tu cuerpo. ¡Y es mejor no arruinar algo bueno hartándote de ello!

Entonces, ¿qué pasaría si
solo comieras chocolate?

¡Nada bueno!

Consejos para comer mejor

1. **Come más frutas y verduras**. Una buena mezcla de colores le da a tu cuerpo diferentes vitaminas y nutrientes. Si tienes dudas, "¡come un arcoíris!"

2. **Come despacio.** Comer demasiado rápido puede provocar que comas en exceso. Comer despacio le da a tu cuerpo la oportunidad de sentirse satisfecho.

3. **En las comidas, bebe leche descremada o agua en lugar de refrescos.** Tu cuerpo necesita el calcio de la leche, y el agua siempre es buena. Los refrescos están repletos de azúcar, que no es buena para los dientes.

4. **¡Haz que las golosinas sean un premio!** Si comes golosinas todo el tiempo, ya no son tan especiales. ¡Comer una golosina de vez en cuando hace que sepan mucho mejor!

Datos curiosos

¿EN SERIO?

Para hacer 1 libra (0,45 kg) de chocolate, se usan 400 semillas de cacao.

¿ES BROMA?

¡A los gatos no se les antoja lo dulce, pero a los perros sí!

¡VAYA!

El estómago tarda de 4 a 6 horas en digerir una comida.

¿SABÍAS QUE...?

Aunque está bien para la mayoría de los humanos, ¡el chocolate es tóxico para los perros y la mayoría de los demás animales!

¿QUIÉN LO DIRÍA?

¡No todo el chocolate es igual! Ciertos tipos de chocolate son mejores para ti. El chocolate amargo no está repleto de azúcar ni de grasas saturadas.

¡ES VERDAD!

La población del mundo come aproximadamente 7,2 millones de toneladas métricas de chocolate al año.

Glosario

ansiedad: Sentimientos de preocupación o nerviosismo.

cafeína: Sustancia química que se encuentra en el café, el té, el chocolate y algunos refrescos, y que puede hacer que las personas estén más alertas.

carbohidrato: Una sustancia que se encuentra en los alimentos como el pan, el arroz y las papas, y que te da energía.

minerales: Elementos de la tierra que el cuerpo necesita para desarrollarse y funcionar, por ejemplo, el zinc y el magnesio.

nutriente: Una sustancia necesaria para crecer saludable.

proteína: Una sustancia que se encuentra en los alimentos como los huevos, la carne, los frijoles y las nueces, y que el cuerpo necesita.

subidón: Elevación o aumento rápido y fuerte.

tóxico: Algo que es venenoso.